A la Bernoise

A la Bernoise

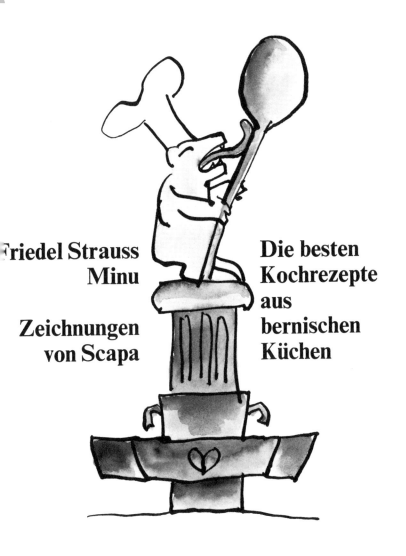

Friedel Strauss
Minu

Zeichnungen
von Scapa

Die besten
Kochrezepte
aus
bernischen
Küchen

Benteli Verlag Bern

© 1975 Benteli Verlag 3018 Bern
Gestaltung, Satz und Druck: Benteli AG, 3018 Bern
Printed in Switzerland

ISBN 3-7165-0052-6

BERN
das war bei uns Sonntag...

... da schwammen Forellen in goldbrauner Butter. Da waren dreierlei Bratenstücke und Mutter, die für einmal die Fleischrationen nicht in Hälften schnitt.
Bern – das war eine Meringue mit keusch-weissem Schneeberg von der Grösse der Jungfrau. Aber wir müssen am Anfang beginnen. Und der Anfang steht in Basel. In einer Dreizimmerwohnung. Mit Vater, Tramwagenführer. Mit Mutter, Hausfrau und Kommentator der Familie. Mit Rosie und mir – wilde Brut des Ehepaares.
«Lotti – heute leisten wir uns etwas Besonderes. Wir fahren nach Bern. Und wir essen in Bern. Die Portionen sind riesig. Nimm ja einen Plastiksack mit...»
So begann alles. Vater hatte von irgendeinem Freund die Adresse *der* Berner Fressbeiz bekommen – etwas ausserhalb der Stadt, an der Türe zum Emmental eigentlich. Und in dieser Fressbeiz waren die Portionen ebenso sprichwörtlich wie die Busen der Serviertöchter. Mutter schaute argwöhnisch: «Gehen wir wegen dem Essen. Oder wegen den Busen?!»
«Pas devant les enfants!» flüsterte Vater. Wenn er nicht weiter wusste, redete er immer französisch.

Mutter weigerte sich zuerst. Einesteils fürchtete sie wohl die Konkurrenz ihrer Geschlechtsgenossinnen (sie war eifersüchtig wie Mayonnaise), andrerseits murmelte sie: «Also, eigentlich hätte ich noch eine Kochete Wäsche ob zu tun» – aber dann lockte sie doch das Angebot, nicht an unserem alten, vergammelten Kochherd stehen zu müssen ... und die Vorfreude, «für einmal verwöhnt zu werden», trug schliesslich den Sieg davon.

«Wenn's denn sein muss», brummte sie, «aber was zieh' ich bloss an? ...» Und damit war der Fall geritzt. Wir fuhren bernwärts, in die Mutzenstadt. Plastiksäcklein hatten wir bei uns. Und Rüblein für die Bärengraben-Brummer ebenfalls. Weiss der Himmel, weshalb Sonntagsfahrer immer so gereizt sind. Vater war es jedenfalls. Und als er kurz vor Bubendorf von einem VW überholt wurde, brannte bei ihm die Sicherung durch: «Hast du jetzt das gesehen! Dieser Scheisskerl! Fährt mit 120. Und dies mit einem VW. Man müsste solche Fahrer ganz zünftig ... und das müsste man ... und hör doch endlich mit dieser verfluchten Pfefferminzbonbon-Esserei auf. Dann hast du keinen Appetit. Und dann bist du selber schuld. Weshalb meinst du, dass ich euch einlade – damit die Serviertöchter alles wieder zurückschleppen, he?!»

«Wenn's mir aber schlecht wird im Auto. Und Pfefferminz hilft!» – Mutter blieb gelassen. Vater steigerte sich in die Wut.

«Kann ich mal raus ... ich muss ... dringend ...» klagte Rosie.

Vater schoss einen giftigen Blick zu Mutter: «Sag deiner Tochter, dass sie's verheben soll. Ich kann hier nicht anhalten ...»

«Ich muss ...» heulte Rosie.

«Himmeldonnerwetter noch einmal!» ... Dann

wurde es still. Vater hielt an. Es war aber schon zu spät.
Wir kamen am Wankdorf-Stadion vorbei. Das Wankdorf-Stadion ist ein Vorbote von Bern. Gerade wie in Basel die Chemiesilos. Bloss viel, viel sympathischer.

«Wir müssen durch die Stadt hindurch», meinte Vater.
«Nein, wir müssen die Stadt umfahren», korrigierte Mutter und balancierte eine Schweizerkarte auf den Knien.
Dann stritten sie.
Wir schauten uns mittlerweile die wunderherrlichen, alten Häuser an. Da war der Zytglogge-Turm. Und der Kindlifresser-Brunnen.
«Weshalb gibt's bei uns keine alten Häuser mehr?»
«Ja also. Das ist so ...» Vater versuchte die Sache zu erklären. «Bei uns geht eben alles viel schneller als in Bern. Deshalb sind die Berner ja Berner ... haha ... Also, eh man es richtig merkt, schon haben die Basler Architekten wieder ein altes Stück Innenstadt weggezaubert, schon knabbern die Baggerzähne an altem Gemäuer – und da steht ein neues Haus. Früher schickte man Touristen, die eine mittelalterliche Stadt anschauen wollten, nach Basel. Heute steigen sie hier um und fahren nach Bern. Das ist das traurige Fazit für uns Basler.»
Mutter regte sich auf: «Jetzt hör aber auf, die Kinder gegen Basel aufzuhetzen. Natürlich ist Bern schön. Natürlich sind die Lauben etwas Einmaliges – besonders weil man nie einen Schirm mitnehmen muss. Und selbstverständlich sind die Leute viel freundlicher. Aber die brauchen ja auch nicht ständig Chemieabgase einzuatmen, nicht wahr. Und eine Fasnacht haben sie auch nicht. Jawohl!»
«Dafür ist die Stadt voll von Kellertheatern. Sie besitzt einen herrlichen Märit mit Seeländer Zwiebeln – und das Essen. Die Berner Küche! Ein Traum aus Butter und Rahm, aus Kartoffeln und Schinken, aus Sauerkraut und Speck.» Vater hielt den Wagen an. «Bitte – da sind wir: Gasthaus zum hellblauen Ochsen. So etwas fehlt in Basel

auch. Bloss einen blauen Bock gibt's. Und das verstehen die Kinder noch nicht.»
Es war eine gemütliche Beiz. An den Fenstern hingen rot-weisse Kölschvorhänge. Die Serviertöchter trugen weisse Blusen über Üppigem, hüllten ihre barocken Formen in schwarze Jupes.
«Hier isst man und ist man sicher gut», sagte Vater und schoss anerkennende Blicke zur Saaltochter.
«Hans!» rief Mutter.
«Ist ja schon recht – man wird doch wohl einen Blick voll riskieren dürfen.» Dann setzten wir uns.
«Viermal das Menü», befahl Vater, «es soll ein schöner Tag werden.»
Der erste Gang bestand aus Forellen.
Wie gesagt: sie schwaderten in heisser, brauner Butter, hatten verblichene Äuglein und Zitronenschnitze im Mund.
«Die armen Tierlein», schnüffelte Mutter. «Und wie isst man so etwas überhaupt?»
Vater hackte mit Gabel und Messer auf die Fische los. Vom andern Tisch schossen sie Blicke.
«Du machst es bestimmt falsch», flüsterte Mutter, «dort hat eine ihren Mann gestupft. Und die Frau mit dem grünen Schleier schaut dich auch so merkwürdig an.»
«Ach was – schmeckt herrlich!» lachte Vater. Dann bekam er einen Hustenanfall. Die Gräten waren ihm im Hals steckengeblieben.
«Wir packen sie lieber ein und fragen die Blikkensdorfers. Die haben doch schon einmal vornehm gegessen. Er ist ja auch Prokurist.» Daraufhin zog Mutter das erste Plastiksäcklein hervor.
«Ist für den Hund», erklärte sie den Leuten vom Nachbartisch, die's nicht wissen wollten.
Und dann gab's Berner Platte. Wir Kinder haben wohl selten so viel Fleisch auf einem Haufen gesehen. Es war für uns, die wir sonst immer ein Plätz-

lein teilen mussten, das Paradies, der Fleischhimmel – wenn Sie so wollen.
«Und nun haut mal richtig rein!» befahl Vater vergnügt. Mutter hatte die Hände gefaltet. Ihre Lippen zitterten leise.
«Sie betet», sagte Vater.
«Ach was – sie zählt bloss die Fleischstücke», erklärte Rosie. Pro Kopf waren's sieben Stück.
Wir assen, bis die Nähte krachten.
«Es geht nichts über die Berner Küche ...», erklärte Vater strahlend.
«... und dabei hätte ich noch eine Kochete Wäsche ob zu tun», erwiderte Mutter.
«... und alles mit reiner Butter. Hier wird nicht gespart», sagte Vater. Mutter zückte wieder die Säcklein.
«Es reicht noch für drei Mittagessen – wenn wir ein bisschen sparen für die ganze Woche», jubelte sie.
«Sie haben wohl einen Bernhardinerhund?» fragte nun der Mann vom Nebentisch scheinheilig.
«Nein, aber zwei Kanarienvögel», gab Mutter zurück. Dann schleppten sie die Meringues an. Schneeberge, von denen wir bloss noch den Rahm abschlabbern konnten.
Der Heimweg war mühsam. Wir wollten nicht einmal mehr die Bärengraben-Mutzen sehen. Die Rüblein gaben wir ab.
Dreimal mussten wir anhalten. Rosies Magen rebellierte. Und Vater fuhr wieder in die Miesepeterlaune hinein.
Als wir durch Basel fuhren, meinte Mutter: «Aber es ist hier halt auch ganz schön. Schau einmal – das Münster, der Rhein ...»
«Was ich sofort brauche, ist ein Schnaps», seufzte Vater.
Zu Hause schnallten wir alles ab, liessen uns in die Sessel fallen und dachten an die Berner Küche zu-

rück. Mutter servierte Kirsch. Ausnahmsweise auch für uns.
Nachher ging's allen wieder besser.
«Siehst du, die Berner Küche ist schon recht. Aber was wäre sie ohne Baselbieter Kirsch – der verjagt alles!» Mutter lächelte. Dann ging sie an ihre Wäsche.
Das war damals. Als wir noch klein waren.
Und wenn's uns heute einmal besonders schlecht geht, wenn uns der Cafard wie Nebel über die Seele schleicht und das Basler Klima unerträglich wird – ha, wir setzen uns auch heute noch ins Auto und fahren nach Bern. Bern ist für die Basler immer Erholung, eine Oase. Sei's wegen den Meringues. Sei's wegen dem gemütlichen Klima.
Angenommen, Sie haben nun Ärger und kein Auto. Oder angenommen, Ihnen fehlt die Zeit, nach Bern zu fahren – greifen Sie zu diesem Büchlein. Friedel Strauss vertreibt Ihnen den Kummer. Sie kocht darin Berner Rezepte – und Sie kochen alles nach. Spätestens dann, wenn Sie eine urchige Berner Platte anrichten, ist aller Ärger mit dem Dampf, der vom Sauerkraut aufsteigt, verflogen.
In diesem Sinne:
Kochen Sie wohl und leben Sie gut!

-minu

Kartoffelsuppe «Bernerin»

1 Sellerieknolle
2 Stangen Lauch
100 g Rüebli
3–4 würflig geschnittene Kartoffeln
Salz
Pfeffer
1 Prise Muskat
geriebener Käse
Petersilie
250 g Rauchfleisch

Rauchfleisch halb weichkochen. Die Gemüse putzen, in Scheiben schneiden und zusammen mit den Kartoffelwürfeln zu dem Fleisch geben. Alles weich werden lassen. Die Suppe würzen, den geriebenen Käse und die feingeschnittene Petersilie darüberstreuen.

Zwiebelsuppe nach Bärengraben-Art

4–5 Zwiebeln
Öl
1 Liter Fleischbrühe
Weissbrotscheiben
geriebener Emmentaler

Zwiebeln fein schneiden, in Öl leicht dämpfen. Die Fleischbrühe in eine gebutterte, mit Weissbrotscheiben ausgelegte Auflaufform giessen, den Käse darüberstreuen und etwa 10 Minuten im vorgewärmten Backofen backen. Ehe man die Suppe serviert, wird das Brot vom Rand gelöst.

Zwiebelsuppe «Bundeshaus»

½ Pfund Zwiebeln
  Butter
4–5 grosse Tassen Fleischbrühe
  Salz
  Pfeffer
4–5 Weissbrotscheiben
  geriebener Emmentaler

Zwiebeln in dünne Scheiben schneiden und in Butter hellbraun rösten. Fleischbrühe, Salz, Pfeffer dazugeben. Die Suppe auf kleinem Feuer weiterkochen. Inzwischen toastet man 4–5 Weissbrotscheiben, legt sie in die feuerfeste Form, bestreut sie mit geriebenem Käse und bräunt sie im heissen Ofen.

Erbssuppe «Albertine»
als Mahlzeit

1 Gnagi
200 g gelbe Erbsen
1½ Liter Wasser oder Bouillon
  (aufgelöste Hühnerbouillonwürfel)
  Muskat
  geröstete Brotwürfeli

Die Erbsen über Nacht einweichen. Vorgekochtes Gnagi und Erbsen in Wasser oder Bouillon kochen (im Dampfkochtopf 15 Minuten). Würzen, die gerösteten Brotwürfeli darübergeben und servieren.
Zum Gnagi reicht man Gschwellti, Salat und ein Glas Bier.

Ein Tip:
Sehr fein schmeckt die Suppe, wenn man zu den Erbsen eine halbe Tasse Reis gibt.

Angge-Bouillon

- 150 g Brot
- 4 Esslöffel Kochbutter
- 1½ Liter Fleischbrühe
- gehackte Petersilie
- Kümmel

Butter auf ein kleines Feuer setzen. Die in Würfel geschnittenen Brotscheiben in die Butter geben, solange sie noch heiss ist, damit sie sich mit Butter vollsaugen. Dann langsam unter fortwährendem Rühren knusprig bräunen. Brotwürfel in die Suppenschüssel geben, die heisse Bouillon darübergiessen und mit Petersilie bestreut und Kümmel gewürzt servieren.

Käsesuppe «Emmental»

- 200 g Bernerbrot (altbacken)
- 200 g Emmentaler Käse
- ¾ Liter Fleischbrühe (evtl. aus Würfeln)
- 2 Tassen Weisswein
- Kräuter (Schnittlauch, Petersilie, Kerbel)
- 4 Scheiben Speck
- Zwiebel
- Butter
- Salz

Das würflig geschnittene Brot in Butter leicht anrösten. Den geriebenen Käse zum Brot in die Suppenschüssel geben. Die Fleischbrühe kochendheiss darübergiessen und die Masse zu einem Püree zerdrücken (vorher kurz quellen lassen). Die gehackten Kräuter, den Wein und wenig Salz in die Suppe rühren. Den Speck klein geschnitten in der Pfanne auslassen und Zwiebelringe im Speckfett braunbraten. Die knusprigen Speckscheiben und Zwiebelringe auf die Suppe geben und heiss auftragen.

Schnell – auf Bernerart

>Mehl
>Butter oder Margarine
>Fleischbrühe (aus Würfeln)
>geriebener Emmentaler
>gehackter Schnittlauch
>gehackter Schinken
>Eigelb

Aus Mehl und Butter oder Margarine eine helle Einbrenne bereiten und mit Fleischbrühe ablöschen und würzen. Geriebenen Emmentaler, gehackten Schnittlauch und Schinken zugeben. Zuletzt ein Eigelb unterrühren.

Biersuppe «Jonathan» (Schnellküche)

>1 Flasche helles Bier
>3 Eigelb
>3 Esslöffel Rahm
>1 Handvoll Rosinen
> Zucker

Bier und dieselbe Menge Wasser mit etwas Zukker (Rohzucker) aufkochen. Eigelb mit Rahm vermischt nebst den gewaschenen Rosinen zu der kochenden Suppe rühren. Diese dann gleich vom Feuer nehmen, damit die Eier nicht gerinnen. Die Suppe warm servieren.

Berner Platte

Noch heute vergesse ich einfach Kalorien und Waage, wenn ich eine «Berner Platte» vor mir stehen habe und deren allerliebster Duft in meine Nase steigt ... und greife tüchtig zu. Denn, unter uns gesagt, was schmeckt feiner, was stillt den Bärenhunger besser als eine «urchige», nach echtem Schweizerrezept zusammengestellte «Berner Platte». In Deutschland wurden mir einmal Weisswürste, ein bisschen Senf und wenig Kartoffeln als «Berner Platte» serviert!

Berner Platte «Zytglogge»

250 g	Speck
250 g	Suppenfleisch
1	Berner Wurst
250 g	Rindszunge
1 kg	Sauerkraut
1	Zwiebel
500 g	Kartoffeln
	Pflanzenfett

Die geraffelte Zwiebel in wenig Fett andämpfen und den Speck dazugeben. Mit dem Sauerkraut und etwa 2 Tassen Wasser oder Bouillon zugedeckt auf kleinem Feuer kochen. Das Fleisch und die Wurst unter das Kraut mischen und weiterkochen lassen. Die geschälten Kartoffeln auf das Kraut legen und garkochen.

Zum Servieren das Fleisch, die bereits vorgekochte Zunge, den in Tranchen geschnittenen Speck und die Wurst um das heiss angerichtete Kraut legen.

Geräucherte Rindszunge «Metzgergasse»

Die Zunge wird gewaschen, über Nacht eingeweicht und dann mit kaltem Wasser aufgesetzt.
In den Sud gibt man ein Kräuterbündel, etwas Lauch, einige Karotten, 1 Stück Sellerie und 1 besteckte Zwiebel. Die Zunge wird darin, je nach ihrer Grösse, 2½–3 Stunden gekocht (bei Zubereitung im Dampfkochtopf brauchen wir 45–50 Minuten). Nur wenn es notwendig ist, noch etwas salzen. Nach dem Weichkochen zieht man der Zunge die Haut ab, schneidet sie in Scheiben und richtet sie an.

Eintopf «Madame de ...»

Eine Kasserolle mit Speckscheiben auslegen, darauf eine Schicht Sauerkraut mit Gewürznelken, Lorbeerblatt, Wacholderbeeren und eine Schicht gewiegte Zwiebeln legen, darauf pro Person 1 Scheibe Schweinebauch, 1 Stück «Rippli», 1 Stück Berner Zungenwurst und wieder eine Lage Sauerkraut. Man würzt leicht und bedeckt mit geschälten rohen Kartoffeln. Als letzte Lage kommt nun wieder eine dünne Schicht Sauerkraut. Mit 1½ Tassen Fleischbrühe und 1 Glas Weisswein in geschlossenem Topf garkochen. Kleine Speckwürfeli goldgelb rösten und beim Servieren über das Ganze geben. Diese herrliche, sättigende Speise muss heiss serviert werden.

Berner Platte aus der Innerschweiz

Zur Abwechslung ein typisches Gericht aus der Innerschweiz: Flaches Rippenstück, gepökeltes Schulterblatt, 1 Berner Wurst, Schinken und Speck auf Sauerkraut, im Sommer grüne Bohnen. Dazu «Gschwellti» (Schalenkartoffeln).

Berner Platte «Lucullus»

Je ein Stück Rindfleisch, geräuchertes «Rippli», Schweinsohr oder Schweineschwanz, Berner Zungenwurst oder Rauchwurst, geräucherten Speck und einen Markknochen auf Sauerkraut oder auf grünen Bohnen kochen.
Mögen die Platten zusammengestellt sein wie sie wollen: immer sind sie Festgerichte! Sie brauchen keine grosse Wartung; es kann alles schon am Vortag gerichtet werden. Das Sauerkraut wie üblich kochen mit Wein und den oben genannten Zutaten. Knapp vor dem Anrichten kann man noch ½ Glas Kirsch zugeben. Gibt man «Wädli» (von der Schweinshaxe), so werden sie – wie der Speck – mit dem Sauerkraut gekocht; sie haben die längste Kochzeit.
Das Sauerkraut wird beim Anrichten in der Plattenmitte hochgetürmt, so dass nur noch wenig Kraut sichtbar ist, weil alles andere von den

Fleischzutaten zugedeckt ist. Dazu schmecken am besten Schalen- oder Salzkartoffeln, in etwas Butter geschwenkt und mit Petersilie bestreut.

Berner Platte à la minute

Dass sich Berner Zungenwurst und andere Würste auf Sauerkraut zu Hause fühlen, wissen wir. Aber haben Sie schon einmal daran gedacht, wie bequem heute eine reiche Berner Platte im Haushalt angerichtet werden kann?

Sie kaufen bei Ihrem Metzger gekochtes Sauerkraut – wenn nicht genug Flüssigkeit dabei ist, giessen Sie nach dem Aufwärmen einen kräftigen Schluck Weisswein dazu. Speck und Rippli kaufen Sie ebenfalls schon gekocht; sie brauchen dann im Sauerkraut nur noch gewärmt zu werden. Jetzt machen Sie noch eine Berner Wurst heiss, und wenn Sie wollen, legen Sie eine Scheibe Schinken zwischen das Sauerkraut: die beste «Berner Platte» zaubern Sie also in einer knappen Viertelstunde auf den Tisch!

Sauerkraut «Richesse»

1 kg Sauerkraut wird mit der Gabel gelockert und mit 3 Esslöffeln Pflanzenfett (oder Gänsefett) nebst einigen Wacholderbeeren, 1 geraffelten Zwiebel und 1 Zinke Knoblauch angedämpft. Dann gibt man einige geschälte Äpfel in Stücke geschnitten hinzu und löscht mit ½ Liter Fleischbrühe (auch aufgelöste Bouillonwürfel) ab. Nun fügt man etwa 4 dl Weisswein bei und lässt weichkochen. Ist das Sauerkraut gar, reibt man zum Binden eine rohe Kartoffel hinein.

Ein paar Tips

– Das Sauerkraut wird besser, wenn man eine Speckschwarte mitkocht.

– Es ist zu empfehlen, etwa ¼ des Sauerkrautes kurz vor dem Anrichten roh zum Kraut zu geben. Das ist nicht nur gesund, sondern es schmeckt auch gut!

– Anstatt dem Sauerkraut Äpfel beizufügen, kann man auch eine kleine Menge Apfelmus beigeben. Während Speck dem Kraut die nötige Kraft gibt, nimmt ihm das Apfelmus die Säure und verbessert so den Geschmack der Speise.

Sauerkraut zu Wildgeflügel
(als festliches Gericht)

Wie in den Rezepten zubereiten, nur nimmt man statt Weisswein Champagner, den man aber kurz vor dem Anrichten beigibt. Man garniert mit Ananasstückchen, würzt mit Paprika und wenig Zucker und fügt am Schluss noch etwas Rahm zu.

Sauerkrauttopf nach Jungfrau-Art
(in der Auflaufform)

1½	Pfund Sauerkraut
250 g	Schinken
500 g	Äpfel
	Fleischbrühe (auch aus Würfeln)
¼	Liter saurer Rahm
	Schmalz

Eine Auflaufform gut einfetten. Abwechslungsweise mit einer Lage rohem Sauerkraut, Apfelscheiben (geschälte Äpfel) und kleingeschnittenen Schinkenstückchen füllen. Auf die Sauerkrautlage stets ein paar kleine Schmalz- oder Butterflöckchen geben, obenauf Fleischbrühe und den sauren Rahm giessen. Den Auflauf so lange im Ofen bei schwacher Hitze backen, bis er gar ist.

Berner Ratsherrentopf

1 Kalbshaxe
  Salz
  Pfeffer
  Zwiebelchen
1 gehäufter Kaffeelöffel Mehl
1 Tasse Bouillonbrühe
1 Prise Rosenpaprika
1 Tomate
  Fett

Die Kalbshaxe mit Salz und Paprika einreiben. In Mehl wenden und im Fett ringsum schön anbraten. Die Zwiebelchen und die Tomate zugeben und mit Bouillonbrühe ablöschen. Weichschmoren, was ungefähr 50–60 Minuten dauert. Dann auf eine vorgewärmte Platte anrichten und die passierte Sauce über die Haxe giessen. Dazu serviert man Teigwaren und Salat oder Rösti und frische Erbsli.

Bohnen auf Ueli-Art
(sehr sättigend, mit Dörrbohnen)

Dörrbohnen
Kartoffeln
Zwiebel
Knoblauch
Berner Zungenwurst oder Rippli
Tomatenscheiben

Die überbrühten oder eingeweichten Dörrbohnen halb weich kochen. Geschälte und halbierte Kartoffeln zugeben. Ebenso die vorgedünstete Zwiebel und etwas Knoblauch. Das Gericht fertig weichkochen (im Dampfkochtopf oder auf offenem Feuer). Vor dem Essen eine Berner Zungenwurst in der Sauce erhitzen oder mit den Bohnen ein Stück mitkochen. Die Beigabe von Tomatenscheiben kann das Gericht bereichern.

Truite «Blausee»

4	Forellen
2	Liter Wasser
2–3	Esslöffel Essig
	Salz
	Petersilie

Sud:
1	Karotte
1	Stück Sellerie
1	Nelke
1	Lorbeerblatt
1	kleine Zwiebel
	etwas Weisswein

Man gibt in den kurz vorgekochten Sud die vorbereiteten und mit Zitronensaft besprizten Forellen und lässt sie zugedeckt etwa 10–15 Minuten darin ziehen. Mit Zitronenachteln garnieren. Braune Butter dazu servieren.

Pot-au-feu bernois

- 2 Liter Wasser
- 2 Pfund Rindfleisch (Federstück, Hochrippe oder Laffenspitze)
- 1 Zwiebel, gespickt mit 3–4 Nelken
- Salz
- 1–2 Lorbeerblätter
- 2 Pfefferkörner

Gemüse:
- 1 Suppenwirsing
- ½ Sellerie
- 1–2 Kohlräbli
- 4–6 Karotten
- 1 kleiner Lauch
- Sellerieblätter

Das kalte Wasser wird mit den Knochen und Gewürzen aufs Feuer gestellt und langsam zum Kochen gebracht, wodurch Knochen und Fleisch gut auskochen. Man lässt das Fleisch auf kleinem Feuer etwa 2 Stunden köcherln. Zu grosses Feuer macht das Fleisch hart und die Suppe trüb. Nach der halben Kochzeit werden der Wirsing und Lauch, später die andern Gemüse beigegeben. Das Fleisch wird auf einer warmen Platte angerichtet und mit wenig siedender Brühe übergossen. Das Gemüse legt man als Garnitur um das Fleisch.

POT-AU-FEU BERNOIS

Pikante Beigaben zu Siedfleisch

– 1 Schälchen mit Randensalat, Essigzwetschgen, Cornichons, Perlzwiebelchen, Preiselbeeren usw.

– Die Fleischbrühe wird über Flädli, ein gut verquirltes Ei mit Grün oder eine beliebige Suppeneinlage angerichtet.

– Zu Siedfleisch reicht man auch gerne kalte Meerrettichsauce.

Meerrettichsauce aux amandes

2	Esslöffel Butter
2	Esslöffel Mehl
1	Tasse Milch
1	kleine Zwiebel
1	kleiner Apfel
3	Esslöffel geriebener Meerrettich
½	Teelöffel Zucker
	wenig Salz
	einige geschälte Mandeln
	Rahm oder Butterflöckli

Das Mehl in der Butter anschwitzen (es muss hell bleiben!), mit Milch ablöschen und auffüllen. Den mit Zitronensaft eingeriebenen, geschälten und geraffelten Apfel, die gewiegten Mandeln und die Gewürze beigeben. Etwa 10–15 Minuten leise kochen lassen. Vor dem Anrichten den geriebenen Meerrettich darunterziehen, einige Butterflöckli oder süssen Rahm beigeben.

Berner Bauernrösti

Eine feingeschnittene Zwiebel im Fett glasig braten; sie soll nicht braun werden. Die geschwellten Kartoffeln blättrig schneiden, mit feinem Salz bestreuen und unter öfterem Wenden durch Zugabe von Butter auf sehr kleinem Feuer braun und knusprig werden lassen.
(Aus: «Der Junggeselle kocht» von Friedel Strauss, Scherz Verlag, Bern)

Berner Rösti «Adelheid»

1 kg	Kartoffeln, abgekocht
50 g	Butter
4	Esslöffel Öl
	Salz
1	Prise Pfeffer
2	Esslöffel Wasser
	(in 2 Pfannen)

Die in Scheibchen geschnittenen kalten Kartoffeln in eine Pfanne mit heisser Butter geben, die Kartoffelscheiben wenden, damit sich alle mit der Butter sättigen. Dann die Kartoffeln in die zweite Pfanne mit dem Öl geben, mit wenig Salz überstreuen und mit Wasser beträufeln. Kurz dämpfen lassen. Zudecken. Nach einigen Minuten Deckel abnehmen und mit der Bratschaufel die Rösti wenden. Wieder zudecken, rösten lassen, bis die Kartoffeln ganz und gar schön gebräunt und knusprig sind. Mit dem Schäufelchen rundherum vom Rand zur Mitte pressen und auch von oben gut andrücken. Es muss sich eine zusammenhängende Kruste auch am Boden bilden. Dann gibt man die fertige Berner Rösti auf eine vorgewärmte

Platte und serviert dazu eine gemischte Salatplatte und Milchkaffee.

Speckrösti nach Bernerart

    1 kg frisch gekochte, erkaltete Kartoffeln
100 g magern Speck
  1–2 Zwiebeln
    1   Knoblauchzehe
        einige Rosmarinblättchen
  1–2 Esslöffel Sonnenblumenöl, evtl.
  1–2 Esslöffel Wasser

Speck sowie die Zwiebeln würflig schneiden und mit der fein geschnittenen oder zerdrückten Knoblauchzehe hellgelb dünsten. Die gewiegten Rosmarinblättchen und die dünn geschnittenen Kartoffeln daruntermengen. Dann 1–2 Esslöffel Sonnenblumenöl zufügen und wie obenstehend weiterrösten lassen. Die Rösti muss aussen gut gebräunt, innen aber duftig sein! Sie muss zu einem runden Fladen gedrückt werden (evtl. mit Hilfe eines Pfannendeckels) und auch auf der zweiten Seite gut durchgebacken sein. 1–2 Esslöffel Wasser machen die Rösti saftiger.

Rösti-Variationen

– Die fast fertige Rösti mit Gruyère bestreuen und bei kleinem Feuer noch kurz weiterbacken.

– Über die bereits angerichtete Rösti Schabziger reiben.

– Vor dem Fertigbraten 1–2 Esslöffel Kümmel beifügen.

Käserösti

1 kg Kartoffeln
4 Esslöffel Kochbutter
1 Esslöffel Wasser
80 g Emmentaler
1 Prise Salz
1 Hauch Pfeffer

Die geschälten, erkalteten, mit dem Gurkenhobel in feine Scheiben geschnittenen Gschwellten werden wie vorstehend in Butter gebraten. Wenn sie schon allseitig schön knusprig und beinahe fertiggebraten sind, die gehobelten und kleingeschnittenen Käsescheibchen beigeben. Wenden und die Käserösti sofort auftragen. Erst am Schluss leicht würzen.

Rösti aus rohen Kartoffeln

800 g Kartoffeln
3 Esslöffel Fett
Salz

Die rohen Kartoffeln waschen, schälen, in Scheiben schneiden oder fein hobeln. Das Fett erhitzen, die Kartoffeln hineingeben, salzen, durchrühren, unter öfterem Schütteln zugedeckt braun und weich werden lassen. Auf eine warme Platte geben. Bratzeit: etwa 35–40 Minuten.

Kartoffeln nach Brienzerart

   800 g gekochte Kartoffeln
  1 ½   Esslöffel Fett oder 2 Esslöffel Öl
     3   Eier
     1   Tasse Milch
     5   Esslöffel geriebener Emmentalerkäse

Die gescheibelten Kartoffeln in eine gefettete Auflaufform legen. Eier, Milch und Käse gut verrühren, darübergiessen und im Ofen backen, bis die Oberfläche schön golden ist. Backzeit: 25 Minuten.

Berner Käseschnitten

Das Brot in 1 cm dicke Scheiben schneiden und den Rand kurz in lauwarme Milch tauchen. Emmentalerkäse in ½ cm dicke Scheiben schneiden und je eine auf die Brotschnitte legen. Die Schnitten in der Teflonpfanne in wenig Fett zugedeckt auf kleinem Feuer braten, bis sie unten leicht braun sind und der Käse schmilzt.

Berner Käseschnitten «Dufour»

   60 g Mehl
          Salz
          Pfeffer
   2 dl Milch
    1   Teelöffel Kirsch
    3   ganze Eier
  100 g geriebener Käse
          Brotscheiben
          Öl
          Butter

Das Mehl mit Salz und Pfeffer rasch und auf einmal unter Rühren in die kochende Milch geben und auf kleinem Feuer weiterkochen lassen, bis ein dicker Brei entsteht. Kirsch zugeben. Vom Feuer nehmen und mit 3 ganzen Eiern und 100 g geriebenem Käse gut vermischen. Fingerdicke Brotscheiben auf beiden Seiten dick mit dieser Masse bestreichen und nach dem Auskühlen mit Öl bepinseln. In der Grillpfanne in wenig Butter rasch auf beiden Seiten grillieren und sofort servieren.

Käseschnitten «Rosmarie»

- 8 Brotscheiben
- 8 Schinkenscheiben
- Senf
- 8 Portionen Streichkäse oder Emmentaler
- Paprika

Die Brotscheiben kurz in etwas Milch tauchen, auf jede eine Tranche Schinken legen und diese mit Senf bestreichen. Die Käseportionen mit dem Messer sehr fein schneiden, auf die Schinkenscheiben legen und mit Paprika bestreut in der Grillpfanne rund 15 Minuten braten.

Käseschnitten «Helvetia»

50 g	Butter
2	Eigelb
¼ l	helles Bier
100 g	Emmentaler und etwa
150 g	Sbrinz
5	Bratwürste
10	Toasts
	Pfeffer

In einer Fonduekachel lässt man wie zu einer Fondue Butter und Käse schmelzen, dann fügt man die Hälfte des Bieres hinzu. Die Eigelb schlägt man mit dem Rest des Bieres schaumig und gibt sie unter die Käsemasse. Unter ständigem Rühren bei kleinem Feuer leicht köcherln lassen. Die Bratwürste in der Grillpfanne zubereiten. Die Toasts auf eine erwärmte Platte legen, mit dem Käsebrei übergiessen und die in Hälften geteilten Bratwürste daraufleger. Mit frischem Pfeffer bestreut servieren.

Meerrettichsauce «Blanche Neige»

30–40 g	Weissbrot ohne Rinde
1	Stück Meerrettich
	einige Tropfen Zitronensaft
1	Prise Salz
1	Prise Zucker
2 dl	Rahm

Das Brot auf der Bircherraffel reiben. Den Meerrettich schälen und am Reibeisen feinreiben. Kurz vor dem Servieren den Rahm steifschlagen, soviel Brösel und Meerrettich untermischen, bis die Masse gut gebunden ist. Leicht würzen.

Ein Tip:
Die fertige Sauce nicht lange stehen lassen, da sie an Farbe verliert und wässrig wird; wünscht man sie pikant, so mischt man einen kleinen, fein geraffelten Apfel darunter und schmeckt mit Zitronensaft ab.

Berner Möggli

Hautdünn geschnittene Bernerwurst auf gebuttertes Bernerbrot legen und mit Cornichons und halbierten Oliven verzieren.

Berner Knusperli

Dünn geschnittenes Bernerbrot, dick darauf gestrichene Butter, Emmentalerkäsescheiben, Streifen von Gewürzgurken und Eiviertel.

Kindlifrässer-Salat

1	kleiner Blumenkohl
	einige Tomaten
½	kleine Gurke
	Spargelköpfchen aus der Büchse
	feine grüne Böhnchen
	einige Champignons
½	zerdrückte Knoblauchzehe

Sauce:
3–4	Esslöffel Sonnenblumenöl
2	Esslöffel Weinessig
	Salz, Muskat und Streuwürze

oder Marinade: Essig-Kräutersauce

- 1½ Teelöffel Kräuter wie Petersilie, Schnittlauch, Kerbel usw., gehackt
- 1 kleine Zwiebel
- einige Kapern
- 1 Gewürzgurke
- ½ Teelöffel Senf
- 1 Prise Pfeffer
- 4 Esslöffel Olivenöl
- 2 Esslöffel Kräuterweinessig (Picanta)

Die zugerichteten Gemüse kurz in die Marinade legen und dann bunt gemischt auf eine Platte anrichten. Kurz vor dem Servieren mit der Marinade begiessen.

Bouquet de chicorée

- 2 Bananen
- 200–250 g Chicorée
- 2–3 Orangen
- 2 Esslöffel Zitronensaft
- je 1 Prise Salz und Zucker
- ⅛ l steif geschlagener Rahm
- 2 Esslöffel gestiftelte Mandeln

Chicorée, Bananen, Orangen in feine Scheibchen schneiden, die abwechselnd auf eine Platte geschichtet werden. Mit einem Hauch von Zucker und Salz überstreut und mit Zitronensaft beträufelt, hebt man am Schluss vorsichtig den steifgeschlagenen Rahm unter die Masse. Man krönt mit gestiftelten Mandeln.

Salat «Annebäbi»

200 g	Emmentaler
150 g	Schinken
150 g	Berner Wurst
100 g	Rindszunge
2	mittelgrosse Äpfel
2	Tomaten
	Kopfsalatblätter
4	Esslöffel Sonnenblumen- oder Maiskeimöl
2–3	Esslöffel Essig oder Zitronensaft

Bernerbrot
(aus: Schweizer Küchen-Spezialitäten)

3 dl	Rahm
2	Eier
250 g	Zucker
375 g	Mehl
½	Backpulver
3–4	Esslöffel Konfitüre

Die Eier werden mit dem Zucker und dem Rahm schaumig gerührt. Das Backpulver mit dem Mehl vermischt in die gerührte Masse gesiebt und gut verarbeitet. Mit der Hälfte dieser Masse füllt man eine kleine Springform, streicht Konfitüre darüber (Zwetschgen-, Aprikosen-, Erdbeer- oder Johannisbeerkonfitüre). Man gibt die Form rund 20 Minuten in den Ofen, dann deckt man die Teigschicht sorgfältig mit dem Rest des Teiges zu. Das Bernerbrot wird bei Mittelhitze gebacken und schmeckt einige Tage alt am besten.

Züpfe

    1 kg   Mehl
    30 g   Hefe
    2   Tassen Milch
    150 g Butter
    2–3   Eidotter
    1   Kaffeelöffel Zucker
           etwas Salz
    1   Eigelb zum Bestreichen

Das Mehl in eine Schüssel sieben und die Hefe mit wenig Milch anrühren. Butter flüssig werden lassen, die Pfanne vom Feuer nehmen und die kalte Milch beigeben. Eigelb, Salz und Zucker dazurühren, die angerührte Hefe zugiessen und gut vermischen. Nun diese Flüssigkeit in das Mehl rühren. Den Teig gut kneten und klopfen, er muss gleichmässig elastisch sein. In der zugedeckten Schüssel soll er ums Doppelte aufgehen. Zwei gleichgrosse Rollen machen und zu einer Züpfe formen. Auf dem gut eingefetteten Blech die Züpfe nochmals gehen lassen, mit Eigelb bestreichen und im vorgewärmten Ofen bei mittelstarker Hitze backen. Backzeit: 35–40 Minuten.

Tirggeli oder Schenkeli

    250 g Mehl
    100 g Zucker
    3   Esslöffel Butter
    2   Eier
    1   Prise Salz
    1   Esslöffel Kirsch
           abgeriebene Zitronenschale
           Öl zum Backen

Die Butter mit dem Zucker schaumig rühren und Eier, Kirsch und 1 Prise Salz zugeben. Zitronenschale und das gesiebte Mehl hineingeben und etwa 1 Stunde ruhen lassen.

Formen:
Von dem Teig fingerlange und fingerdicke Röllchen formen und die Schenkeli in mässig heissem Öl hellbraun backen. Sie sollen etwas aufspringen.

Tip:
Zu schnell gebackene Schenkeli sind nicht durchgebacken. Auf Papier entfetten und mit Zucker und Zimt bestreuen. Die Schenkeli sind einige Tage haltbar.

Läckerli «Thusnelda»

1	Pfund Rohzucker
½	Pfund geriebene Mandeln
½	Pfund geriebene Haselnüsse
2	Esslöffel Mehl
½	Teelöffel Zimt
100 g	Orangeat
1 ½	Esslöffel Honig
5	Eiweiss

Alle Zutaten, ausgenommen das Eiweiss, werden gut miteinander vermengt. Diese Masse wird alsdann mit dem zu steifem Schnee geschlagenen Eiweiss zu einem Teig verarbeitet. Auf den 1 cm dick ausgerollten Teig wird das gut mit Mehl bestäubte Holzförmchen (Leckerlimodell) eingraviert. Die Leckerli werden bei mässiger Hitze auf dem mit Butter bestrichenen Blech gebacken und gleich wenn sie aus dem Ofen kommen mit einer nicht zu dicken Glasur angepinselt.

Tip:
Das Backblech muss stets gut gereinigt und gleich mit ausgelassener Butter oder Öl leicht bestrichen und mit Mehl bestäubt werden. Die Leckerli müssen noch warm glasiert werden.

Glasur:
Aus 250 g Puderzucker, 1–2 Eiweiss und dem Saft einer Zitrone rührt man eine glatte Masse, die mit einem Pinsel auf die gebackenen Leckerli aufgetragen wird.

Zitronen- oder Orangenglasur:
250 g Puderzucker, rund ½ dl Wasser, 1 Messerspitze Vanille, 3 Esslöffel Zitronen- oder Orangensaft.

Berner Strübli

(ein altes Berner Bauernrezept)

500 g	Mehl
1	Prise Salz
2	Eier
2 dl	Rahm
½	Glas heisser Weisswein
1–2	Esslöffel Öl

In der angegebenen Reihenfolge werden die Zutaten gut vermischt und mittels eines Trichters in rauchheisses Öl gegossen. Braun gebacken, richtet man sie heiss an und bestreut sie mit Zimtzucker.

Berner Strübli «Heidi»

(auch «Trichterchüechli» genannt, weil der Teig durch einen Trichter ins heisse Backfett laufen muss)

    350 g Weissmehl
    ½ l Milch
    1 Esslöffel Butter
    1 Esslöffel Zucker
    1 Prise Salz
    4 Eier
       Schmalz oder Kochbutter

Die Butter muss in der warmen Milch zergehen. Das Mehl gibt man langsam hinzu, ebenfalls die gut zerklopften Eier, das Salz und den Zucker. Der Teig muss so dünn sein, dass er durch den Trichter läuft (evtl. noch etwas Milch zugeben). Nun lassen Sie das Backfett heiss werden, giessen einen Schöpflöffel Teig durch den Trichter, zuerst dem Rand der Pfanne entlang, dann spiralförmig nach der Mitte hin in das rauchendheisse Fett. Auf beiden Seiten braun backen. Das gebackene Strübli soll aus einem einzigen, röhrenartigen Stück von Fingerdicke bestehen.

Berner Strübli «Scheidegg»

    400 g Mehl
    5–6 dl Milch
    4 Eier
    3–4 Esslöffel Zucker
    1 Prise Salz
    30 g Butter
       Zucker und Zimt zum Bestreuen
       Backfett

Das Mehl mit etwa 4 dl ziemlich heisser Milch glatt anrühren und gut verklopfen. Eier, Zucker, Salz und die geschmolzene Butter unter den Teig mischen, mit der übrigen heissen Milch verdünnen. Der Teig soll gerade so dick sein, dass er noch durch den Trichter läuft. Je ein Schöpflöffel voll des Teiges durch den Trichter in das heisse Backfett einlaufen lassen, so dass sich ein flacher Kuchen bildet, den man auf beiden Seiten hellbraun bäckt. Noch warm mit Zimtzucker bestreut servieren.

Apfelomeletten nach Mönch-Art

Omelettenteig:
- 300 g Mehl
- 4½ dl Milch
- 5 Eier
- 1 Esslöffel Öl
- wenig Salz

Zum Backen:
Etwa
- 50 g Kochbutter, Fett oder Öl
- 6 mittelgrosse Äpfel

Alle Zutaten in der angegebenen Reihenfolge in eine Schüssel geben und rasch mit dem Schneebesen mischen. Der Teig muss glatt sein! Den Teig 1 Stunde stehen lassen. Die geschälten Äpfel in dünne Scheiben schneiden und in den Teig geben. In der Teflonpfanne bei kleiner Flamme nicht zu dünne Omeletten backen. Die Pfannkuchen wenden – die Unterseite muss goldig sein –, nochmals etwas Fett in die Pfanne geben, zugedeckt weiterbacken und die fertigen Omeletten mit Zimtzukker bestreut auftragen.

Berner Müntschi

    5   Esslöffel geriebener Emmentalerkäse
1½ Esslöffel Mehl
4–5 Eier
1½ Teelöffel Zucker (auch Rohzucker)
 ¼ l Rahm

Obige Zutaten mit dem Rahm vermischen und in kleine Teflontörtchenformen füllen (sie dürfen nicht ganz voll sein). Rund eine halbe Stunde bei mittlerer Hitze backen und heiss auftragen.

Inhalt

Kartoffelsuppe «Bernerin» *10*
Zwiebelsuppe
   nach Bärengraben-Art *10*
Zwiebelsuppe
   «Bundeshaus» *11*
Erbssuppe «Albertine» *11*
Angge-Bouillon *12*
Käsesuppe «Emmental» *12*
Schnell – auf Bernerart *13*
Biersuppe «Jonathan»
   (Schnellküche) *13*
Berner Platte *14*
Berner Platte «Zytglogge» *14*
Geräucherte Rindszunge
   «Metzgergasse» *15*
Eintopf «Madame de...» *15*
Berner Platte aus der
   Innerschweiz *16*
Berner Platte «Lucullus» *16*
Berner Platte à la minute *17*
Sauerkraut «Richesse» *18*
Ein paar Tips *18*
Sauerkraut
   zu Wildgeflügel *19*
Sauerkrauttopf
   nach Jungfrau-Art *19*
Berner Ratsherrentopf *20*
Bohnen auf Ueli-Art *20*
Truite «Blausee» *21*
Pot-au-feu bernois *22*
Pikante Beigaben zu
   Siedfleisch *24*

Meerrettichsauce
   aux amandes *24*
Berner Bauernrösti *25*
Berner Rösti «Adelheid» *25*
Speckrösti nach Bernerart *26*
Rösti-Variationen *26*
Käserösti *28*
Rösti aus rohen Kartoffeln *28*
Kartoffeln
   nach Brienzerart *29*
Berner Käseschnitten *29*
Berner Käseschnitten
   «Dufour» *29*
Käseschnitten «Rosmarie» *30*
Käseschnitten «Helvetia» *31*
Meerrettichsauce
   «Blanche Neige» *31*
Berner Möggli *32*
Berner Knusperli *32*
Kindlifrässer-Salat *32*
Bouquet de chicorée *34*
Salat «Annebäbi» *35*
Bernerbrot *35*
Züpfe *36*
Tirggeli oder Schenkeli *36*
Läckerli «Thusnelda» *38*
Berner Strübli *39*
Berner Strübli «Heidi» *40*
Berner Strübli «Scheidegg» *40*
Apfelomeletten
   nach Mönch-Art *41*
Berner Müntschi *42*